Das kleine Buch der Liebe

„Ein Glück, daß es dich gibt."

MICHAEL
BLUM 99

Ein Wort für die Liebe – ein Liebeswort

„Das kleine Buch der Liebe" soll Sie bestärken, die Liebe immer wieder erblühen zu lassen. Die farbigen, fantasievollen Bilder von Michael Blum geben Ihnen die nötigen Impulse, führen Sie in Traumwelten, die aber gleichzeitig ein Teil der Wirklichkeit widerspiegeln. Bilder und Texte verbinden Himmel und Erde, die Zuneigung der Menschen untereinander mit dem liebevollen Schöpfer – mit Gott, der aus lauter Liebe den Menschen schuf als Krönung seines Schaffens. Wenn der Mensch aber aus seiner schöpferischen Liebe fällt, verkehrt sich die Liebe ins Gegenteil, sichtbar, spürbar allenthalben. Leid und Ohnmacht breiten sich aus – nur die Liebe kann ihnen Einhalt gebieten.
„Das kleine Buch der Liebe" wird so aus der persönlichen Erfahrung ein sensibler Vermittler zwischen Freundinnen und Freunden, zwischen den Generationen, bis hinein in unsere Gesellschaft, die an Kälte und Eigenliebe zu erstarren droht.
„Das kleine Buch der Liebe" nimmt die Erfahrungen aus dem Alten und Neuen Testament auf; denn alle biblischen Erkenntnisse bedeuten: Zeichen der Liebe Gottes zu uns Menschen. So werden wir in dem kleinen Buch nicht müde, von dieser Liebe zu zeichnen und zu sagen. Damit die Liebe unter uns nicht erkaltet, sondern lebendig unser Leben würzt, damit sie Schwierigkeiten hilft zu überwinden und zu lösen, darum „Das kleine Buch der Liebe". Es will den weiten Raum zur Zuneigung erschließen, damit wir in der guten Verbindung einander sagen können: Ich bin für dich – und niemals gegen dich. Ich bin mit dir – und sage mich nie und niemals von dir los.
Gottes JA-Wort zu uns Menschen spricht ein Macht-Wort der Liebe – unüberhörbar: In jedem Menschen ist es angelegt, wenn auch oft verschlossen, verschüttet, verblaßt oder zerrissen.
„Das kleine Buch der Liebe" möchte die Verschlossenen aufschließen, die Verschütteten freilegen, den Verblaßten leuchtende Farben schenken und den Zerrissenen die Heilquellen der Liebe zeigen, damit sie einander wieder finden und sich zusammenfügen – Zum Glück.

Möge „Das kleine Buch der Liebe" Sie begleiten,
damit die Liebe groß werde auf der Erde.

Michael Blum und Uwe Seidel

Mein Glücksfall

Du bist mir
zum Glücksfall geworden.
In der Ferne sehne ich mich nach dir,
in der Nähe möchte ich in dir zu Hause sein.

Wenn ich dich sehe,
wandere ich mit meinen Augen
über dich wie über eine Blumenwiese.
Immer wieder
entdecke ich deine Schönheit.
Und hier und da
entfaltet sich eine neue Knospe
zur vollendeten Pracht.
Ich komme aus dem Staunen
nicht heraus.

Ein Augenblick,
Auge in Auge,
als der Funke übersprang,
die Sehnsucht uns kurz-schloß.

Ein Augenblick
genügte, und wir waren beieinander.
Erst später
spüre ich deine Lippen,
entdecke ich dich mit Leib und Seele.

Und immer wieder
beginnt unsere Liebe
mit einem Augenblick.

Du bist mein Glücksfall.

MICHAEL
BLUM

Zum Verlieben

Du sagst mir ein gutes Wort –
ohne Grund.
Du schenkst mit eine Rose –
ohne Anlaß.
Du nimmst mich in den Arm –
ohne Worte.

Du schreibst mir einen Gruß –
und vergißt die Briefmarke.
Du lädst mich ein –
weil etwas schief gelaufen ist.
Wir feiern unseren Mißerfolg
und schmunzeln.
Wenn ich dich nicht hätte,
ich wäre nur die Hälfte.

Du bist mir eine Stütze geworden,
als es bergab ging.
Alle anderen hielten sich zurück,
wandten sich ab,
doch du hieltest zu mir.
Ganz allmählich
gabst du mir den Lebensmut zurück.
Es ist gut,
daß es dich gibt.

MICHAEL
BLUM99

Du – mein Schatz

Ich träume von dir mit offenen Augen,
ich sehne dich herbei
Tag und Nacht.
Du kommst zu mir
und durchbrichst meine Einsamkeit.
Schön und mächtig
holst du mich aus meinen Träumen.

Ja, du bist der Schatz meines Lebens,
mit Gold und Silber
bist du nicht aufzuwiegen.
Du wirst mir wertvoller,
je länger wir zusammen sind.
Meine Gedanken aus Güte und Freundschaft
finden dich wie ein Mosaik
aus glitzernden Steinen.
In deiner Weisheit
treffen sich die Erkenntnisse aller Zeiten.
Deine Gerechtigkeit
wohnt unter den Menschen
und deine Liebe
wird zur ansteckenden Gesundheit.

Wenn unsere Herzen überlaufen,
unsere Freude die Menschen mitreißt,
dann laß uns die Krone der Liebe tragen,
damit sie unter uns strahlt.

Komm zu mir

Wach auf,
steh auf, du meine Liebe,
und komm zu mir.
Die Zeiten ohne dich
sind vergangen,
die Wolken der Sonne gewichen.
Unsere Liebe kann wieder blühen.

Unsere Liebe bricht wie eine Knospe auf,
mit ihrem Duft verwandelt sie meine Welt.
Laß mich dich sehen,
laß mich deine Stimme hören,
deinen Klang atmen
und dich mit meinen Blicken
umfangen.

Komm, wach auf,
ich will bei dir sein.

Stark wie der Tod

Du bist meine Liebe.
Presse mich wie ein Siegel
auf dein Herz.
Lege mich wie einen Reif
um deinen Arm.
Unsere Liebe
ist stark wie der Tod,
unser Glück
so tief wie der Schmerz,
unsere Leidenschaft
so wild wie die Kraft des Sturms.

Feuer verzehren unsere Körper,
doch wir verbrennen nicht.
Wenn eine Sintflut käme,
sie kann das Feuer unserer Liebe
nicht löschen.
Und wenn jemand
mit allem Gold der Welt
unsere Liebe kaufen wollte,
wir könnten über ihn nur lachen.

Deine Augenseen

Als dein Lächeln mich traf,
spiegelte sich in deinen Augen
ein See voller Zärtlichkeit.
In deinen Augenseen
möchte ich mit dir sein
und niemals untergehn.

Du erfüllst mich
mit deinem Wesen.
Deine großen Augen erzählen
deine Geschichten ohne Worte
und manchmal vermag ich sie zu deuten.
Ich verstehe:
Manchmal wirst Du zum Ich
und Ich zum Du –
manchmal
wenn wir uns zusammenleben.
Doch jeder von uns
schreibt und denkt und lebt
seine eigene Geschichte.

MICHAEL
BLUM99

Edelsteine

Ich habe deine Tränen gesehen,
gespürt, auch die,
die du nicht geweint.
Wir schleifen uns wie Edelsteine,
Ecken und Kanten reiben aneinander.
Wir bleiben beieinander,
obwohl es im Moment weh tut.
Andere sagen,
unsere Liebe würde wertvoller.
Andere hätten schon längst aufgegeben.
Ich will deine Tränen abwischen,
auch aus deiner Seele,
damit wir wieder lachen können
und tanzen.

MICHAEL
BLUM 99

Unsere Liebe – ein Fest

Ein großes Fest ist unsere Liebe.
Solange du an meiner Seite ruhst,
will ich dich zudecken
mit meiner Haut,
mit meiner Leidenschaft
will ich dich wärmen.
Unsere Liebe ist jung und frisch
wie das Gras nach einem Regen,
ganz gleich, wieviel Jahre
wir zählen.

Unser Haus ist der Himmel.
Wir haben alles um uns her vergessen:
Die Vergangenheit –
die Zukunft.
Die Gegenwart nimmt uns
gefangen mit Haut und Seele.
Wir sind außer uns
vor Glück.

MICHAEL
BLUM99

Meine Sehnsucht

Nachts –
ich kann vor Sehnsucht nicht schlafen.
Meine Gedanken suchen ihn,
aber sie finden ihn nicht.
Ich laufe auf die Straße,
irre durch die Gassen,
über die Plätze,
in alle Hinterhöfe.
Ich finde ihn nicht.

Meine Liebe geht mir verloren.
Ich fliege an den Menschen vorbei,
aber niemand hat ihn gesehen.
„Wo ist mein Freund,
den ich über alles liebe?“
Keiner kann sich erinnern.

„Wo bist du?“
ruft meine Seele –
aber er antwortet nicht.
Ich irre weiter durch die Straßen.

Plötzlich steht er vor mir,
wie vom Himmel gefallen.
An einer Wand lehnt er und träumt.
„Er ist fast nicht mehr von dieser Welt,“
wie man so sagt.
„Nun habe ich dich gefunden –
ich lasse dich nicht wieder los.“
Den umarme ich, der mir fast verloren ging.

Wir haben uns gefunden –
heute Nacht.

MICHAEL
BLUM 99

Du für mich

Du bist für mich
Licht
auch wenn alle schwarz sehen

Wärme
auch wenn die Zuneigung
der anderen erkaltet

Freude
gerade in meinen Trauertagen

Hilfe
wenn mir die Hände gebunden

Liebe
wenn du mir vergibst

Endlich
verstehen wir uns
ohne Worte

Schweigen
damit unsere Seele Atem schöpft

Weinen
damit wir sein können
wie wir sind

Die Masken sind gefallen
So ist die Liebe.

MICHAEL
BLUM99

Das Lied der Liebe

Wenn ich alle Sprachen der Welt spreche
und mich sogar mit den Engeln Gottes verstehe,
habe aber keine Liebe als Kraft meines Redens,
so bin ich wie eine Orgel ohne Ton.

Und wenn ich alle Geheimnisse der Menschen
und alle Erkenntnisse der Welt in mir vereinige,
und wenn mein Glaube so groß ist,
daß er Berge versetzen könnte,
habe aber keine Liebe als Kraft meines Denkens,
so bin ich nichts.

Und wenn ich mit aller Macht
gegen die Ungerechtigkeit in der Welt kämpfe,
und ich selbst dabei zugrunde gehe,
habe aber keine Liebe als Kraft meines Handelns,
wem nütze ich dann?

Denn:
Wenn die Liebe uns erfüllt,
wird zusammenwachsen, was zerrissen war.
Wenn die Liebe unter uns lebt,
fügen sich die Bruchstücke unseres Lebens
wieder zusammen.

Vergiß nicht:
Die Liebe hat einen langen Atem.
Sie nutzt dich nicht aus.
Die Liebe tut einem anderen nicht weh.
Sie läßt sich durch Rückschläge nicht entmutigen.
Die Liebe verschließt sich nicht,
nein, sie schließt auf.

Sie lehrt uns die Hoffnung für morgen,
den Glauben gegen die Lieblosigkeit heute
und das Vertrauen für eine Welt des Friedens.
Die Liebe ist das stärkste Band
zwischen Gott und uns Menschen –
und die größte Kraft,
die uns miteinander verbindet.

MICHAEL
BLUM99

Ring-Meditation

Rund
Ohne Ecken und Kanten
Rund
Wie die Liebe
Und endlos,
So fügt sich dein Ring
An meine Hand.
Du gabst ihn mir
Als ständige Erinnerung.
Den Ring von dir
Trage ich als Zeichen –
Wir gehören zusammen.
Ihn begreife ich als Fingerspitzengefühl
Und dem Versprechen
Ich will dir gut
Und nicht weh tun.

Wenn ich ihn berühre
Dann spüre ich
Du bist mir ganz nah.
Auch wenn die Entfernung groß ist.
Ich sehe seinen Glanz,
Wenn er erstrahlt –
Wie du.
Ich sehe seinen Wert,
Gerade, wenn er alt geworden ist
Mit den Jahren.
Er wird immer wertvoller –
Wie du.
Aber ohne Ecken und Kanten
Sind wir nicht.
Doch wir wünschen uns eindringlich:
Unsere Liebe sei so rund wie unsere Ringe
Und höre niemals auf.

MICHAEL
BLUM 99

Du und ich

Ich will zu dir gehören
und du zu mir.
Versprochen
in den guten Zeiten –
versprochen, immer und immer.
In den schlechten Zeiten –.
Gerade in den schlechten Zeiten,
wenn so viele Versprechen brechen,
wenn so viele Worte im Wortbruch enden
und unsere Liebe sich im Widerspruch auflöst.

Gerade in den schlechten Zeiten
brauchen wir einen,
dessen Gedanken wahrhaftig sind
und dessen Worte nicht brechen;
einen Gott,
der unsere Liebe neu aussät,
behütet und beschützt,
damit sie wächst und gedeiht
und reift.

MICHAEL
BLUM 99

Gesucht und gefunden

Er klickte sie an. Sie tasteten sich ab, ganz anonym. Kein Name, keine Adresse, nur das Alter und die Interessen interessierten. Langsam wurde aus Daten ein Mensch – Wer bist du? Was denkst du? Magst du Musik – und welche? Und deine Haarfarbe? Wie kann ich mir dich vorstellen? Ich will dich nicht in eine Schublade stecken, aber erkennen möchte ich dich eines Tages.

So tasteten sie sich ab per Internet. Jeden Tag wurde das Puzzle vom anderen etwas deutlicher, farbiger und, das war neu für sie, über die Datenstraße zogen sie sich an wie Magneten.
Warum? Das wußte er nicht zu sagen – sie auch nicht.
Und eines Abends war es soweit: Sie gaben nach langem Tasten ihre Anonymität auf. Aber niemand durfte sie auf der Datenstraße erwischen, ihre fein gesponnene Verbindung stören, sich einmischen oder einen von beiden ‚abspenstig' machen. Sie umschifften die Klippen raffiniert, schickten sich e-mails und bildeten sich voneinander ein Bild. Sechs Wochen dauerte die ‚Kennenlern-Phase' oder auch acht Wochen – später wußten sie es nicht mehr genau. Die Zeit verfloß, aber die Spannung aufeinander stieg. Ihre Sehnsucht treibt sie zueinander. Warum? Sie wissen es nicht. Wollen es auch nicht wissen.

Sie verabreden sich zum Treff. Wie sieht sie aus? Das Bild, das ich von ihr habe, entspringt den Daten und meiner Phantasie. Und er? Malt meine Sehnsucht mir den Traumprinzen ins Hirn und ins Herz? Oder gibt es ihn wirklich, den ich ersehne?
Sie kommt mit dem Zug. Da fällt ihr ein: Wir haben vergessen, ein Erkennungszeichen auszumachen. Auch ihm steht der Schweiß auf der Stirn. ‚Vergessen,' sagt er immer wieder auf dem Bahnsteig. ‚Einfach vergessen. Wie kann man nur so etwas vergessen!? Meine Sehnsucht kann gar nicht so stark sein, um sie aus den Hunderten herauszusehen.
Ich werde warten, bis niemand mehr auf dem Bahnsteig

steht – nur sie. Dann weiß ich es genau. Aber wenn es nicht die Richtige ist, zwar die Angeklickte, aber nicht die Richtige? Wie kann ich flüchten – nahe am Ausgang?'
Der Zug fährt ein. Hält. Übervoll. Die Menschen quellen heraus. Er steht wie benommen vor einer Zugtür. Immer mehr kommen – und das müßte sie sein sein. Das ist sie. Er ist sich sicher.
‚Unter den Wartenden, wie kann ich ihn finden? Ihn entdecken – oder wenn ich mich irre, einfach weitergehen? Oder doch einen schönen Abend verbringen? Und das war's dann!' Sie merkt, wie ihre Ohren rot werden, der Hals auch. Ganz gelassen wollte sie dieses Treffen angehen. Jetzt merkt sie, wie die Aufregung bis in die Haarspitzen schießt.

Der Zug fährt ein. ‚O, Gott', denkt sie, ‚Hunderte von Wartenden. Wie soll ich ihn finden? Wie soll ich den Augenblick erkennen, wenn er vor mir steht – unter vielen anderen?'
Der Zug hält. Übervoll. Die Menschen quellen heraus. Sie steigt aus, als vierte oder fünfte. Sie kann sich nicht mehr erinnern. Steht oben im Wagen und sucht.
‚Mein Augenblick!' denkt sie in Sekundenschnelle – oder eine Ewigkeit ist vertan.
‚Das darf nicht wahr sein', fährt es ihm durch den Kopf. ‚Das muß sie sein! Hier vor mir. Hier, wo ich stehe. Da kommt sie.'
In allem Durcheinander vergessen sie, was sie sich zurechtgelegt haben. „Bist du's?" stürmt er auf sie zu. „Bist du's?" fragt sie zurück –. Und dann stehen sie inmitten der vielen Menschen und sagen kein Wort. Sie nicken einander zu – und langsam erkennen sie sich – sie ‚klicken' sich nicht mehr an, sie tasten sich mit den Augen ab und als die Blicke sich treffen, wissen sie beide: Wir haben uns getroffen – nicht nur heute.

Erlebt und erzählt von
Sabine und André

Beflügelt

Tanze und schwinge –
Schlagzeug und Gitarren sollen
dich leicht machen.
Dein Körper wiegt sich
im Rhythmus der Sterne.
Deine Schritte tanzen das Glück.
Deine Hände beschreiben unsere Liebe.
Du umfaßt mich
und schon hältst du mich in deinen Armen.
Du schwebst über der Erde,
federleicht bewegst du dich,
kaum berührst du den Boden.
Du bist mein Tor zur anderen Welt.

Dein Körper ist meine Seligkeit,
mein Haus für ein neues Leben.
Dein Puls schlägt mir den Takt
für einen neuen Schritt.
Deine Augen spiegeln meine Seele.
Tief wie der See
zieht meine Sehnsucht sich zu dir.

Du tanzt erhobenen Hauptes,
umweht von den Locken,
deinem goldenen Haar.
Du knüpfst mit jedem Schritt
ein Netz um mich –
Ich bin Gefangener unserer Liebe.

Ich gehöre dir –
nach dir sehne ich mich Tag und Nacht.
Keinem anderen will ich gehören.

Bei dir sein

Sie kochte den Kaffee für zwei.
„Der wird dich wärmen," sagte sie.
Sie deckte den Tisch für zwei.
„Ruh dich bei mir aus," sagte sie. „Das wird dir gut tun."
Sie sah über den Tisch hinweg in die Leere.
„Du bist mir ganz nah," sagte sie in die Stille,
obwohl er auf einer weiten Reise
die Entfernung nicht mehr rechnete.

Jetzt zählt ihre Nähe," spürte er.
„Jetzt wärmt mich ihr Kaffee."

Ihre Liebe kennt keine Grenzen, meinen ihre Freunde.
Sie wissen nichts, aber sie verstehen alles.

MICHAEL
BLUM 99

Das Wesen der Liebe

„Ein Mensch gibt sich dem anderen hin,
mit Leib und Seele,
mit Herz und Sinn;
einander schenken
sich verschenken –
und niemals bedenken,
wie der Gegenwert als Gegengewicht
ins Gewicht falle...“
Er las, schweigend hörte sie zu.

„Wenn Menschen sich lieben,
werden Worte immer unwesentlicher.
Liebe will gelebt werden.
Der Mensch sehnt sich nicht nach vielen Worten,
er sehnt sich nach dem DU,
dem Anderen.“
Er las, schweigend hörte sie zu.
„Und?“ fragte er.
„Sehr gut,“ sagte sie, „wirklich meisterhaft.
Aber nicht genug.“
„Was willst du mehr?“ fragte er gereizt.
„Dich,“ flüsterte sie, „nur Dich –
ohne Worte.“
Leise verließ sie den Raum.

Der Engel des Anstoßes

Beide waren sie ahnungslos. Beide wollten nur einen schönen Abend verleben; denn beide waren allein.
Sie tanzten einen Abend lang; wollten sich von einem ins andere Jahr schwingen, tanzen, singen.
Sie wanderte von einem Arm in den anderen. Sie wollte sich ins nächste Jahr drehen.
Er suchte wahllos die Partnerinnen aus der Menge. Anonym und nicht länger als eine Single. Allein ins neue Jahr – aber unter Leuten.
Gerade war ein Tanz zu Ende – und kurz bevor der nächste begann, griff ihn ein junger Mann, drängte ihn in eine Richtung quer zur Fläche. Er ließ sich drängen und wehrte sich nicht. Der Junge schob ihn zu einem Mädchen: Tanzen, sagte er nur – und nochmals Tanzen.
Sie hatte sich gerade aus der Umklammerung eines Tanzpartners befreit. Ehe der nächste Tanz begann, wurde sie von einem Jungen über die Fläche geschoben zu einem anderen. Tanzen, sagte der Junge, Tanzen, sagte er wieder. Beide umarmten sich vorsichtig. Sie dachte: ‚Ein Freund von IHM hat uns zusammengeführt'. Und er: ‚Ein Freund von IHR übernahm die Regie'. Sie tanzten und im Augenblick sprang der Funke über. Unsicher tanzten sie; denn so etwas gibt es nur im Märchen, dachten beide. Einer klärte den anderen auf: Niemand von ihnen kannte den Jungen. Keiner wußte, wer er war. Sie fragten umher, alle hatten ihn gesehen, aber niemand wußte etwas von ihm. Er war spurlos verschwunden. Sie suchten ihn, fanden ihn nicht. Sein Bild prägte sich bei ihnen ein. Und plötzlich fiel es ihnen wie Schuppen von den Augen: Er führte uns gleichzeitig zusammen – immer quer über die Fläche. ‚Ich sah dich mit ihm' – ‚Ich sah ihn mit dir'. Mit Logik konnten sie es nicht begreifen. Aber es war geschehen. „Gott sei Dank!“ sagten sie fast gleichzeitg zueinander. ‚Ein Engel!' meinten sie beide. ‚Es muß ein Engel gewesen sein. So sehen sie heute wohl aus: weißes T-Shirt und helle Jeans. Es gibt mehr von ihnen als wir annehmen,' erkannten sie.

Mein Versprechen

Ich verspreche dir,
dich aus Gottes Hand zu empfangen,
dich zu lieben und zu ehren,
dich zu behüten und zu beschützen
in guten und in schlechten Tagen –
bis ans Ende unserer Zeiten.

Mit Gottes Hilfe
will ich bei dir bleiben.
Gehst du mit mir,
dann folge ich dir an jeden Ort.
Sprichst du mit mir,
dann suche ich für dich
mein bestes Wort.

Lebst du mit mir,
dann teile ich mit dir,
meine Zeit, mein Haus
und mein Brot.
Weinst du mit mir,
dann bleibe ich bei dir
und tröste dich in unserer Not.
Lachst du mit mir,
dann bin ich beschwingt,
wenn unser Lied der Liebe
bis in den Himmel singt:
„Bewahre uns Gott, behüte uns Gott,
sei mit uns auf unseren Wegen…"

MICHAEL
BLUM 99

Dein Glück

Was ich dir wünsche,
daß du zu deinem Glück einen Menschen findest,
der dein Glück vermehrt
und es mit dir teilt.

Was ich dir wünsche,
daß du ein Glück wirst für einen anderen
und deine Liebe niemals bei dir endet.

Was ich dir wünsche,
daß du Glück hast auch im Unglück
und dein Lebensweg dir glücke.

MICHAEL
BLUM 95

Glücklich

Glücklich
der Mensch,
der seine Liebe gefunden,
die nicht wie eine Eintagsfliege
den nächsten Tag nicht überlebt.

Glücklich
der Mensch,
der seiner Liebe begegnet,
die sich mit ihm verbindet
und die hält,
was sie verspricht.

Glücklich
der Mensch,
der mit seiner Liebe
Brücken baut zum anderen Menschen,
die auch im Sturm der Zeit
nicht wankt und bricht.

Glücklich
der Mensch,
der die Liebe Gottes widerspiegelt
mit Hand und Fuß,
der dich spüren läßt:
Bei mir kannst du immer wieder
ein Stück Himmel erleben.

MICHAEL
BLUM 99

Segen

Es segne dich Gott,
der dich mit Glück ummantelt,
mit Güte umgibt;
der dich mit seiner Liebe
trägt durch alle Zeiten.

MICHAEL
BLUM 99

Inhalt

Bildlegenden

MICHAEL BLUM wurde 1942 in Prüm/Eifel geboren. Er entschied sich 1963 für das Studium der Pädagogik und Kunsterziehung in Bonn. Aufgrund seines Interesses und seiner Begabung studierte er 1967 zusätzlich im Fachbereich Kunst und Design. Heute leitet er die Domsingschule in Köln. Neben Blumen- und Landschaftsbildern malt er vornehmlich christliche Tafelbilder. Die sieben Kreuzwegstationen aus der Ikonen-Tradition gemalt, haben ihn im deutschsprachigen Raum bekannt gemacht, außerdem zahlreiche Ausstellungen seit 1970 u. a. in Charleville-Mézieéres/Frankreich; Strassburg/Österreich; Coventry/England; St. Vith/Belgien und vielen deutschen Städten.
Sein Augenmerk gilt dem „Blick hinter die Oberfläche" und darin verbindet er immer wieder „alte Techniken" mit neuer Gestaltung.
Im „Das kleine Buch der Liebe" nimmt er seine Gestaltungs-Arten wieder auf: zeichnet und formt, vergoldet und läßt die Farben klingen und schwingen. So wird jedes Bild der Liebe ein Gesang in Grün oder Rot, im wärmenden Gelb oder im himmlischen Blau. In ihm begegnen sich die Welten der Liebenden, ihre Träume, ihre Zuneigung und ihre Klänge. In ihrer Leichtigkeit – denn die Liebe nimmt das Schwere – fliegen sie zueinander, und alles um sie her wird leicht. Und immer wieder wacht der Engel Gottes über sie; denn die Liebe ist verletzlich.

UWE SEIDEL wurde 1937 in Soest/Westfalen geboren, dort engagierte er sich in der Jugendarbeit der Evangelischen Gemeinden. Hier erfolgte die Weichenstellung zur Theologie: Kirche wollte er von innen her verändern. Er besuchte das Theologische Seminar „Johanneum" in Wuppertal und wurde in das Volksmissionarische Amt der Evangelischen Kirche Rheinland berufen. Seit 1965 erarbeitet er neue Gottesdienste und Gemeindeveranstaltungen. Gleichzeitig leitet er seit dieser Zeit Großveranstaltungen auf den Deutschen Evangelischen Kirchentagen. Die mehr als 25 Jahre Gemeindearbeits-Erfahrung versucht er immer wieder nutzbar zu machen: Publikationen zu Gottesdiensten, einer „lebendigen" Liturgie, Neuen Geistlichen Liedern, Plakaten, Bücher zu Meditationen, Biblische Geschichten und Psalmübertragungen ließen ihn über die gemeindliche Arbeit bekannt werden. Er entdeckt und pflegt besonders die kreativen ökumenischen Verbindungen.
Aus der zusammenarbeitenden Freundschaft mit Michael Blum entstand nach dem „Kleinen Engelbuch" ein zweites „Kleines Buch", daß „der Liebe". Seine Texte, inspiriert aus dem Alten und Neuen Testament verbinden sich mit der Neuzeit, sind gleichzeitig Liebes-Ansagen und -Erklärungen für Freunde und Freundinnen, für Brautpaare und alle Menschen, die noch lieben. Sie bestärken die Liebe, beschreiben ihre Kraft, erzählen von ihrem Geheimnis und schließen von unserer Liebe auf die Liebe des Himmels.